Claudia Lake

KINDERWUNSCH

Ich finde dich!

www.tredition.de

© 2017 Claudia Lake
Umschlag, Illustration: Claudia Lake
Lektorat, Korrektorat: Pauline Lake, Hermann-Josef Stüwe

Verlag: tredition GmbH, Hamburg

ISBN
Paperback   978-3-7439-2670-7
Hardcover   978-3-7439-2672-1
e-Book   978-3-7439-2671-4

Printed in Germany

Inhaltsverzeichnis

Eine Zukunft voller Möglichkeiten

Ich weiß nicht, warum Menschen mit diesem Thema auf mich zukamen, denn ich hatte bereits zwei Kinder im Alter von 18 und 22 Jahren und ich hatte auch nie unerfüllten Kinderwunsch. Es gab zwar eine kleine Geschichte zu diesem Thema in meinen jungen Jahren, doch die ging auch schon so schnell vorbei, wie sie gekommen war.

Ich war 27 Jahre alt und bei einer Untersuchung beim Frauenarzt sagte er zu mir, dass es schwierig werden könnte, ein Kind zu bekommen, weil zu wenig weibliche Hormone da wären. Und ich ging mit dieser Diagnose nach Hause, erzählte meinem Mann davon und wir entschieden dann gemeinsam es geschehen zu lassen. Ich dachte, wenn es noch ein bisschen länger dauert, ist es in Ordnung. Ich hatte diesem Satz des Arztes kein großes Gewicht gegeben. Das heißt, es war für mich klar, dass ich ein Kind bekommen würde. Ich weiß nicht, woher ich diese Sicherheit nahm, doch es war für mich ganz klar.

Ich bin nicht der Typ, der sich von anderen erzählen lässt, was wann klappt und wann nicht. Das dieses einmal zu meiner Arbeit werden würde, dass ich Menschen helfen könnte, wieder an sich selbst zu glauben, und dass ich Menschen helfen könnte, sich von ihren einschränkenden Gedanken zu befreien, das wusste ich damals noch nicht. Im Gegenteil, ich war in der Bekleidungsbranche tätig und es zeichnete sich nichts in dieser Richtung ab. Nur erinnere ich mich an eins meiner ersten Bücher. Das Buch hieß Gesundheit ohne Medizin. Und da ging es darum, wie machtvoll unsere Gedanken in Wahrheit sind. Ich habe das Buch damals verliehen und nie wiederbekommen. Doch heute weiß ich, wie mächtig die Gedanken sind und dass du vieles, was du gelernt hast, auch einfach wieder vergessen kannst. Das heißt, du musst nur aus deinem Glauben wieder herausfallen, deine Gedanken abschließen und sie an Ort und Stelle liegen lassen. Dann kann alles geschehen. Dann ist alles möglich. Eine Zukunft voller Möglichkeiten.

Damit du das besser verstehen kannst, gebe ich dir hier zwei Beispiele. An diesen Beispielen erkennst du zwei verschieden denkende Menschen auf unserem Planeten. Da sind die Folgsamen und die Widersacher.

Ich war mit meiner Familie auf einem Mairundgang mit Freunden. Alle hatten ihre Kinder dabei. Die Kinder spielten am Wegesrand, immer dann, wenn wir eine Pause machten. Und dann sagt die eine Mutter zu ihrer Tochter: „Du fällst gleich vom Baum!". Und Schwups, gesagt, getan, das Kind fiel wirklich vom Baum. Es war kein hoher Baum und es ist dem Kind auch nichts passiert. Ich sagte dann zu der Mutter, dass sie ihrem ‚lieben' Kind nicht sagen dürfte, dass sie vom Baum fällt, weil sie es dann auch macht. So ist das mit folgsamen Kindern. Ich sagte zu ihr, „Du weißt doch, dass dein Kind alles tut, was du sagst!"

Ein zweites Beispiel bei mir zu Hause. Ich war auf einer Elternveranstaltung in der Schule und währenddessen brachte mein Mann zu Hause die Kinder ins Bett. Am nächsten Morgen hatte unsere kleine Tochter ins Bett gemacht. Das tat sie nie. Doch an diesem Abend sagte mein Mann immer wieder zu ihr, sie solle aufhören zu trinken, denn sonst würde sie ins Bett machen. Wie gesagt, sie hatte dieses Problem nie und an diesem Abend bekam sie die Botschaft, wenn sie viel trinkt, dann macht sie ins Bett. Und so war es dann. Unser liebes und immer folgsames Kind tat genau das, was ihr gesagt wurde. Das tat sie immer. Sie war einfach richtig lieb.

Dies ist nicht so bei einem Widersacher, der hinterfragt erst mal und will wissen, ob nicht auch das Gegenteil wahr sein könnte. Ich erinnere mich an die Aussage von meinem Arzt, dass es schwierig werden könnte mit einer Schwangerschaft. Ich war als Kind wohl nicht das typisch, folgsame Kind und auch jetzt als Erwachsener hinterfrage ich alles, was andere mir in meinen Glauben legen wollen. Ich will immer wissen, was ist meine eigene Wahrheit dazu. Und so habe ich der Aussage des Arztes kein besonderes Gewicht gegeben. Mein Gedanke war, dass ich selbst in diesem Spiel auch noch mitspiele und etwas daran zu sagen habe. Ich hatte also erkannt, dass ich selbst die Macht über meine Gedanken hatte. Ich wusste, ich kann selbst mein Leben lenken und ich musste nicht alles glauben, was mir über mich und meinem Körper gesagt wurde. Ich hatte ein inneres Vertrauen oder eine Gewissheit, die mich vor solch' herunterziehenden Aussagen beschützte. Immer wieder hörte ich von Aussagen, die Menschen anderen überstülpten. Und immer wieder trat bei einem gewissen Prozentsatz auch das ein, was hier prophezeit wurde.

Ich erkannte auch, dass diese Menschen nur die Aussagen zu überprüfen brauchten um sie dann ganz einfach wieder zu entkräften. Und dies wurde zu meiner Arbeit. Zu mir kamen Menschen, die danach einfach ihren einschränkenden Glauben wieder fallen lassen konnten, weil sie erkannten, das nichts an diesem Glauben wahr war. Im Gegenteil sie erkannten, dass genau dieser Glaube sie in ihr Dilemma hineinführte. Und wenn sie das verstanden, dann war der Glaube entkräftet und dann konnten sie wieder Vertrauen, in ihrem eigenen Wesen, in ihrem eigenen Körper haben. Und ich zeige dir hier noch Beispiele von Menschen, die sich so sehnlich ein Kind wünschten, und wie sie sich selbst im Weg standen. Und ich zeige dir was danach passierte, wenn sie sich von ihrem Glauben befreiten.

So viele Sätze, die uns in eine Hypnose versetzen. So viele Behauptungen, die als unser Glaube aufrechterhalten werden.

Solche Sätze sind zum Beispiel:

Zieh dir die Jacke an, sonst wirst du krank.
Es wird nichts aus dir, wenn du kein Abitur hast.
Du wirst dich nie verändern!
Und du wirst, wenn du so weitermachst, keine Freunde haben.

Oder auch Sätze in Sachen Kinderwunsch:

Das wird schwierig ...
Du bist schon zu alt ...
Du hast zu wenig weibliche Hormone ...
Du bist in einem schwierigen Alter ...
Der Zug ist bei dir abgefahren ...

Immer wenn uns jemand so etwas sagt und wir beginnen, den Satz mitzunehmen in den nächsten Tag, in die nächsten Wochen und dieser Satz findet einen Platz in unserem Glauben, dann ist der da und wirkt und wirkt und wirkt und wirkt ...

Ein machtvolles Werkzeug

Als ich einen Hypnoselehrgang besuchte, sagte die Dozentin zu uns, dass es ein unglaublich machtvolles Werkzeug gibt, diese Botschaften als Prophezeiung zu entkräften. Immer wenn jemand uns eine Behauptung als neuen Glauben überstülpen wollte, dann sollten wir innerlich sagen, „Oder auch nicht" oder „für mich gilt das nicht".

Das war alles, damit war der Satz entkräftet. Also jemand sagt zu dir ...

„Du bist ja schon zu alt und ich glaube, der Zug ist abgefahren, du bekommst bestimmt kein Kind mehr!", dann denkst du innerlich einfach „für mich gilt das nicht". Du widersprichst einfach innerlich und lässt diesen Satz genau an der Stelle liegen, wo er gesagt wurde. Dieser Satz wird dann nicht zu deinem Mantel, sondern du hast ganz einfach die Macht behalten, ein anderes Ergebnis für möglich zu halten. Das ist wirklich ein sehr machtvolles Werkzeug.

Das, was ich dir hier erzähle ist für die Hälfte der Menschheit selbstverständlich und für die andere Hälfte eine große Hürde. Den lieben, folgsamen Menschen gelingt es da manchmal nicht so leicht, eine solche Botschaft ungeglaubt einfach liegen zu lassen. Ich fand diesen Tipp unserer Dozentin so genial, dass ich von da an, immer innerlich jubelte: „Für mich gilt das nicht".

„Für mich gilt das nicht!"

oder ...

„Oder auch nicht!"

Ich erkannte, dass die ganze Welt, die ganze Gesellschaft voll einschränkender Glaubenssätze steckt. Und so konnte ich täglich üben und mir immer wieder sagen, dass das nicht für mich galt. Wenn jemand sagte, „Heute braucht ein Kind Abitur, sonst wird nichts aus ihm", dann jubelte ich innerlich: „Für mich gilt dieser Glaube nicht". Wenn alle sagten, mit 60 Jahren gehst du auch an Krücken, dann jubelte ich wieder innerlich „Danke für die Botschaft, ich nicht!"

Überall werden Glaubenseinschränkungen hinausgeschleudert und viele Menschen oder sagen wir mal Institutionen, haben einen großen Nutzen, wenn sie dich in Angst halten. Hier geht es nicht um dein Wohl, hier geht es um das Geschäft mit der Angst. Nicht, dass nur die Institutionen, dich einschränken: das Gesundheitssystem, das Bildungssystem, die Politiker. Nein es sind auch die einfachen Menschen von nebenan, deine Familie, deine Freunde, deine Kollegen, du selbst sogar. Auch du machst Aussagen, die andere verletzen und die ihnen ihre Grenzen aufzeigen sollen. Du versuchst ihnen deinen Glauben überzustülpen. Doch bemerkst du es nicht. Es ist doch einfach so, oder? Der Satz „Das kannst du mir glauben, das ist so!", wurde zum Mantra der Nation.

Der Unterschied zwischen den normalen Menschen und den Institutionen ist allerdings, dass sich die einfachen Menschen von nebenan dessen nicht bewusst sind und es wirklich glauben, während die Politiker, Versicherungsvertreter und die Pharmaindustrie und viele andere Institutionen diese Sätze benutzen um die Menschen klein zu halten. Ja, es gibt sogar Ausbildungen für diese Berufsgruppen, die ihnen beibringen, andere Menschen zu manipulieren. Die Menschen sollen sich an die, von ihnen vorgedachten Botschaften orientieren und die Menschen sollen über diese Hypnose in perfekter Weise gelenkt werden. Das ist das Geschäft mit der Angst. Denn das bringt Geld in die Kassen. Und darum geht es den Institutionen.

Es dauerte eine ganz lange Zeit, bis ich meinen Fernseher aus meinem Wohnzimmer rausschmiss. Denn es wurde schwer für mich, vielen, der hypnotischen Filme und Sendungen etwas abzugewinnen. Viele Filme sind voller Botschaften hinter den Botschaften und können so ungehindert in die Gehirne der Menschen gelangen. Meine Kinder sagten, es wäre nicht leicht mit mir, einfach einen Film zu sehen. Immer fand ich Glaubenssätze, die ich nicht so hinnehmen wollte und die den Menschen vor dem Fernseher einfach so suggeriert wurden.

So kann man ein ganzes Land prägen und Glauben machen. Durch diese Beispiele wurde ich allerdings zum Experten, wenn es darum ging, einschränkende Glaubenssätze aufzustöbern und zu erkennen, warum sie nicht die Wahrheit erzählen.

Ich werde dir hier zeigen, dass du wieder in deine eigene Kraft kommen kannst. Du bist der, der über dein Leben entscheidet. Du kannst alles erreichen.

Einschränkende Glaubenssätze auflösen

Kennst du das Beispiel mit den Flöhen? Ich erzähle dir hier dieses Beispiel und dann sei dir von Anfang an sicher, dass diese Metapher auch auf dich als Mensch zutrifft.

Das Erbe der Flöhe

In einem Zylinder aus Glas wurde ein Experiment mit Flöhen gemacht. Viele Flöhe waren in diesem Zylinder. Doch die Flöhe sprangen immer so hoch, dass sie über den Rand es Zylinders sprangen und leicht hätten entfliehen können. Dann legten die Wissenschaftler einen Glasdeckel auf den oberen Rand. Und so stießen die Flöhe sich den Kopf. Es dauerte nicht lange, und kein Floh sprang jemals wieder so hoch, dass er den Deckel berühren konnte. Das änderte sich auch nicht, als die Wissenschaftler den Deckel entfernten.

Es ging sogar noch weiter, der Deckel wurde immer weiter abgesenkt, solange bist die Flöhe nur noch gehen konnten. Und wieder wurde dann der Deckel ganz entfernt. Doch keiner der Flöhe traute sich je wieder zu springen.

Selbst die nächsten Generationen hatten das Springen verlernt.

Was war mit den Flöhen passiert? Und was gaben die Elternflöhe, Ärzteflöhe und Lehrerflöhe ihren Kindern weiter?

Du kannst nicht springen!

Du stößt dir den Kopf!

Das tut weh!

Bleib lieber mit beiden Füßen am Boden!

Deine Gedanken helfen dir hier auch nicht!

Hör auf mit den Höhenflügen!

Die Welt ist einfach so!

Dein Körper ist nicht dafür gemacht!

Passe dich an!

So ist es eben!

... hört sich das anders an, als die Sätze in unserer Gesellschaft?

Was glaubst du über dich, über deinen Körper? Über dein Alter? Deine Hormone ... Was hat man dir gesagt? Was glaubst du über dich? Glaubst du an deinen Körper oder glaubst du, dass er fehlerhaft ist, zu alt, zu schlecht versorgt? Und wie geht es dir, wenn du diesen Glauben hast?

Diese Einschränkungen wirken wie eine Glasplatte, die dich immer tiefer und tiefer drückt. Du verlierst deinen Glauben, zumindest den Glauben an ein Kind. Der andere Glaube, also der einschränkende Glaube wird stärker und stärker.

Zum Glück lassen sich einschränkende Glaubenssätze auch wieder auflösen und das ist leichter, als du denkst. Ich zeige dir später ein Beispiel von Frauen mit Kinderwunsch, wie sie ganz leicht ihre Glaubenssätze fallen ließen. Einschränkende Glaubenssätze erzählen nicht die Wahrheit und wenn du diese Sätze auf Wahrheit überprüfst, dann lässt du sie fallen und lachst darüber, obwohl du diesen Glauben ein paar Augenblicke zuvor noch als Tatsache unterschrieben hättest. Du hättest felsenfest behauptet „Das ist so!"

Ich möchte dir in diesem Buch zeigen, dass du der Lenker deines Lebens bist und dass du in voller Verantwortung und aber auch in absoluter Präzision dein Leben gestalten kannst. Nicht nur das du es kannst, nein du tust es bereits jeden Tag. Jeder Tag in deinem Leben ist genauso wie dein Glaube es dir sagt, jeder Tag und jede Situation.

Zurück zu meiner Geschichte ...

Und wie ging es dann weiter bei mir, mit dem Kinderwunsch? Nun, was soll ich sagen? Gleich nachdem wir uns entschlossen hatten, es geschehen zu lassen, wurde ich schwanger.

Ich hatte also kein Thema damit und dennoch kamen Menschen zu mir in die Praxis, die sich sehnlich ein Kind wünschten. Und ich wusste zuerst nicht, ob ich diesen Menschen, meist waren es Frauen, überhaupt helfen konnte. Doch es dauerte nicht lange, bis ich bemerkte, dass es sich um die gleiche Arbeit handelte, die ich sowieso bei allen meinen Klienten machte.

Ich half Menschen ihren Glauben zu verlieren. Ganz einfach wieder alles zu vergessen, was andere ihnen sagten. Sie lernten ihre eigene innere Stimme kennen. Nicht nur das, sie erkannten zum erstem Mal, dass alles, so wie es war, perfekt war. Und dass sie genau die Ergebnisse bekamen, die in ihrem Glauben steckten. Es war so spannend. Ich erzähle dir später mehr darüber. Und du wirst erkennen, dass die Frauen in diesen Beispielen eigentlich kein Kind wollten, zumindest unbewusst, obwohl sie sich ein Kind wünschten. Es gab so viele Gründe, so viele Steine in ihren Köpfen. Es ist fast unglaublich, doch der Körper reagierte mit absoluter Präzision auf ihre Gedanken und eigentlich hätten alle nur „Danke" sagen müssen, zu ihrem Körper, weil er so wunderbar und vollständig ausführte, was der Geist ihm vorgab.

Im Problem steckt auch immer schon die Lösung

So viele Menschen denken, dass es schwer sein muss, und dabei ist es so unglaublich leicht. Ein Problem ist immer an der Oberfläche und in der Beschreibung des Problems, steckt auch immer schon die Lösung.

In diesem Buch lernst du, wie du einen Neuanfang schaffst, einen Neuanfang in deinen Gedanken. Du wirst bemerken, was du denkst, und wenn du das weißt, dann ist es ganz leicht. Dann merkst du, wie dich deine Glaubenssätze einschränken. Jetzt im Moment würdest du wahrscheinlich noch sagen: „Aber es stimmt doch, da sind doch einige Begrenzungen", wie zum Beispiel: „Ich bin doch schon zu alt. Mein Mann muss zuerst weniger trinken. Es ist ein Risiko."

Wie kann ich eine Schwangerschaft erwarten?

Ach ja, mein Name ist Claudia Lake und ich arbeite als Familienberaterin. In meine Praxis kommen Menschen mit Beziehungsproblemen, Eltern mit ,Problem'-Kindern, Jugendliche ohne Motivation und Frauen und Männer mit Kinderwunsch.

Ich liebe meine Arbeit und es erfüllt mich zutiefst, wenn ich sehe, wie Menschen zu Ihrer wahren Größe gelangen, aufblühen und merken, dass sie richtig sind, ihre Partner, ihre Kinder und ja selbst ihre ,noch nicht gezeugten Kinder'. Alles ist richtig in diesem Moment und wenn diese Menschen erkennen, wie großartig Körper und Geist zusammenarbeiten, dann sind sie einfach nur froh, dass die Zukunft noch ungeschrieben ist. Sie werden frei von Einschränkungen und frei sein bedeutet, für alles offen zu sein, sich hinzugeben, hinein in diesen wunderbaren Moment und das was kommt, ganz einfach für möglich zu halten. Und auch ein Kind ganz einfach zu erwarten. Dann passiert die Veränderung und dann merken die Menschen wieder, was ihnen gefehlt hat. Angst, Wut und Verbissenheit werden verwandelt in Liebe, Vertrauen und Freiheit.

Die Menschen, die zu mir kommen, lernen wieder wirklich hoch zu springen und an sich zu glauben. Es gibt keinen Deckel über deinem Kopf. Es ist ein Gefängnis ohne Gitter. Die Gedanken erzählen von der Wahrheit und sie sind es aber nicht. Wenn du das durchschaust, dann bist du bereit für neue Ergebnisse.

Denn ...

Es ist nicht hoffnungslos und du bist nicht allein. Alles was du bis hierher geglaubt hast, kannst du auch wieder vergessen. Ich erzähle dir hier eine Geschichte, die dir zeigt, warum es so wichtig ist, deinen Glauben wieder zu verlieren.

In Vietnam zum Beispiel gibt es nahezu keine alten Menschen, die mit einem Rollator gehen. Sie haben schlicht und einfach keinen Glauben daran, dass sie gebrechlich werden müssen. Wenn du nicht weißt, dass deine biologische Uhr tickt, dann tut sie es nicht, so einfach ist das. Ich schreibe dieses Buch für dich, wenn du diese Worte lesen willst, wenn du Veränderung willst und wenn du irgendwie glaubst, dass da doch noch was möglich ist. Ich gehe nicht gegen die Schulmedizin vor. Ich gehe Hand in Hand. Es stimmt schon, ich selbst bin ein bisschen rausgefallen aus dem System, aus diesem Gesundheitssystem, doch viele Ärzte schätze ich sehr. Zusammen können wir Wunderbares bewirken und den Menschen stärken.

Meine Arbeit mache ich sehr ethisch und liebevoll. Das heißt, ich drücke den Menschen nichts auf, alles kommt aus ihnen selbst. Und wenn ein Mensch nicht weitermachen will, dann ist das für mich in Ordnung. Denn jeder Mensch ist jetzt schon in Ordnung, ja auch du, der du dir so sehnlich ein Kind wünscht. Es ist nichts falsch an dir, du bist vollständig. Du siehst es jetzt vielleicht noch nicht. Doch ich zeige dir hier was ich damit meine ...

Drei wundervolle Wege zur Heilung

Wusstest du, dass es immer drei Wege zur Heilung gibt? Nehmen wir zuerst mal ein Beispiel aus einem anderen Bereich. Hier geht es nicht ums Kinderbekommen. Ich muss noch dazu sagen, dass ich keine Fähigkeit habe, dich oder irgendjemanden zu heilen. Ich kann mich heilen, mich ganz allein und selbst das ist nicht ganz richtig. Denn ich habe über diese Arbeit festgestellt, dass alles bereits heil ist, alles ist vollständig und ganz und vollkommen. Auch du. Und ich erkläre dir hier, was ich damit meine und wie es zu verstehen ist. Du wirst dann erkennen, dass dein Körper nur die Botschaften ausführt, die du ihm gibst. Und wenn du erkennst, was du tust, dann kannst du es auch ganz einfach wieder lassen.

Nun zum ersten Beispiel. Eine Frau war bei mir und sie hatte Nasenkrebs. Es war alles schon vorbei, als sie bei mir war und es ging auch um ein ganz anderes Thema. Doch sie erzählte davon und sagte mir, dass sie vermutlich irgendetwas nicht mehr riechen wollte, oder die Nase voll hätte. Sie hatte Bücher gelesen, die sich mit der psychologischen Bedeutung der Krankheiten befassten.

Nun sagte ich ihr, dass der Körper nur der Austragungsort der Gedanken und Gefühle sei. Sie erzählte noch von den ganzen Schweineställen in ihrer Umgebung, dass dies doch nicht gut sein könnte. Und es würde sie richtig nerven und sie könne das nicht mehr riechen.

Ich sagte ihr, es gibt mehrere Möglichkeiten damit umzugehen: Auf der einen Seite könnte sie Frieden damit schließen und sagen, „Es ist in Ordnung für mich, dass die Ställe da sind." Nun, es geht jedoch nicht einfach so, dass man sagt, „Alles ist gut, ... das wird schon, ... ich bin in Frieden oder so", sondern der Mensch muss echten Frieden gewinnen, über eine Erkenntnis oder eine Wandlung in den Gedanken. Zum Beispiel könnte die Frau erkennen, dass sie sich selbst schadet mit diesen Gedanken. Sie könnte also Frieden schließen.

Oder sie könnte kämpfen und zu den Betreibern fahren und sich für ihre Sache stark machen. Sie könnte auch Leserbriefe schreiben, einen Verein gründen. Sie könnte ganz einfach mit ihrem ganzen Wesen kämpfen. Sie könnte auch wegziehen. Sie hätte also viele, viele andere Möglichkeiten auf diese Situation zu reagieren. Doch was macht sie, sie bleibt in ihrer Unruhe der Sache gegenüber und doch wird sie nicht aktiv. Das heißt der Körper kommt jetzt zur Hilfe und führt das aus, was sie nicht in ihren Gedanken und Gefühlen abschließen kann. Denn sie wird weder aktiv um den Missstand zu beseitigen, noch schließt sie Frieden damit. Oft denken die Menschen, dass Kampf krankmacht, jedoch stimmt das nicht so ganz. Kampf kann, richtig eingesetzt, sehr erfüllend sein.

Diese Frau geht weiter durch ihren Tag und nimmt den Konflikt mit:

Ich habe die Nase voll!

Ich will das nicht mehr riechen!

So eine Sauerei!

Man müsste das Verbieten!

Das macht mich krank!

Das kann doch nicht gut sein!

60.000 Gedanken jeden Tag, und in diesem Konflikt, dreht sich alles um diese Sauerei.

Und du glaubst allen Ernstes, dass das keinen Einfluss auf dich hat? Leider habe ich festgestellt, dass es perfekt ist. Der Körper gleicht immer aus.

Komisch oder?

Und erst dann, wenn du nichts auswählst zwischen Kampf oder Frieden, dann kommt der Körper zur Hilfe und sagt: „Du brauchst das nicht mehr riechen. Ich mache das für dich. Wenn du nicht die Kraft hast zu kämpfen oder damit Frieden schließen kannst, dann regele ich das."

Also, schau es noch mal an, es gibt drei Möglichkeiten der Heilung (dieser Situation):

Gehe in Frieden damit, löse deine Widerstände auf!

Kämpfe für die Sache!

Oder lass deinen Körper dir zur Hilfe kommen. (Und du riechst es nicht mehr)

Zufall, denkst du! Du glaubst es nicht?

Unser Körper weiß nichts von Verträgen in denen du feststeckst, oder Gründe, warum du nicht die Kraft hast, deinem Mann zu sagen, dass du bei seinen Eltern nicht mehr wohnen möchtest. Die Gründe der Vernunft erreichen die Gefühle nicht. Dein Körper weiß nur um deine echten Gedanken und Gefühle. Es gibt so viele Gründe, die du gelernt hast, die dich festhalten in diesem Stress. Die Gesellschaft sagt dir, dass du da durchmusst oder dass es nicht immer um dich geht.

Und ich sage dir, das stimmt nicht. Wenn du für dich sorgst, dich um deine Bedürfnisse kümmerst, wenn du dich in dein eigenes Glück bringst, dann ist auch alles um dich herum im Glück. Die Außenwelt ist wie deine Innenwelt. Immer! Und deine Zukunft wird gerade erst geboren. Sie ist noch nicht da. Ganz frisch und neu und alles ist möglich.

Und wenn in deinen Gedanken und Gefühlen andauernd ein Kampf stattfindet und er nicht in Frieden abgeschlossen wird, oder wenn du auf der anderen Seite nicht die Stärke aufbringst, die Situation zu verändern, dann macht dein Körper das Thema wieder heil. Du sagst dazu zwar Krankheit, aber in Wirklichkeit ist es eigentlich nur eine wunderbare Botschaft und ein Ausdruck von absoluter Liebe, dir gegenüber, denn du erkennst, dass es niemals und zu keiner Zeit eine Krankheit gegeben hat. Es gibt keinen fehlerhaften Körper. Deshalb bezeichne ich sogenannte Krankheiten als Botschaften oder Geschenke.

Was ist eine Familienaufstellung?

Bevor ich zum nächsten Beispiel komme, möchte ich dir kurz erklären, was eine Familienaufstellung ist.

Stell dir jetzt mal einen abgesteckten Bereich vor. Es kann ein kleiner Tisch sein, es kann auch der Fußboden in einem Raum sein, oder auch einfach ein gemalter Kreis im Sand. Dann stell dir mal vor, dieser Bereich ist dein Leben, deine Familie oder dein Thema. Auf diesem Bereich stellst du alle Menschen auf, die mit deinem Thema verbunden sind. Das heißt, du nimmst eine Holzfigur und stellst die Figur an die richtige Stelle und überlegst dabei in welche Richtung diese Person schaut. Das machst du mit jeder beteiligten Person.

Es geht nicht darum, nur lebende Menschen aufzustellen, denn hier geht es um die Beziehungen zueinander. Also, wie verbunden sind die Menschen, die hier aufgestellt werden. Und so ist es möglich, dass du auch eine Beziehung zu jemanden hast, der die Familie verlassen hat, oder der gestorben ist. Du bist vielleicht traurig darüber und vermisst diesen Menschen oder da ist ein Familienmitglied, über das nie geredet wird, weil er oder sie so viel Unheil über die Familie gebracht hat. Auch diese Menschen werden mit aufgestellt.

Bei der Aufstellung werden die Gefühle der einzelnen Menschen betrachtet. Manchmal werden auch Wohnungen oder Orte aufgestellt, nicht nur Personen. Wenn zum Beispiel jemand wissen will, ob er mit seiner Firma umziehen sollte, dann wird hier geschaut. Wie ist die Beziehung zu dem neuen Ort, ob die Mitarbeiter sich damit wohlfühlen, oder der Chef selbst. Manchmal bekommen in einer Aufstellung auch Gefühle einen Platz, zum Beispiel, wenn irgendwie Vertrauen fehlt, dann wird auch Vertrauen mit aufgestellt.

So kann man einfach Holzfiguren nehmen und die beteiligten Personen aufstellen, zum Beispiel:

Mama

Papa

Kind 1

Fehlgeburt

Dann fühlst du dich in jede der aufgestellten Personen ein. Ich frage dann: Wie fühlst du dich? Wie geht es dir? Was wünschst du dir? Und solche Sachen. Es findet auch eine richtige Unterhaltung zwischen den einzelnen Personen statt. Und hier wird solange gearbeitet, bis jeder sich wohlfühlt oder bis das Thema in die Ordnung gebracht wurde. Das ist sehr spannend und Menschen, die zum ersten Mal bei einer Familienaufstellung dabei sind, sind immer sehr erstaunt, was alles in diesem Feld sichtbar wird und gefühlt werden kann.

Du kannst diese Aufstellung auch in einer Gruppe machen. Dann sitzen alle Teilnehmer im Kreis. Du erzählst dein Thema und wenn in diesem Vorgespräch alle beteiligten Personen gefunden sind, die mit deiner Geschichte in Verbindung stehen, dann suchst du zu jeder Person einen Stellvertreter, jemanden aus der Gruppe, der diese Person am ehesten vertreten kann. Du fragst dann: Stehst du für meine Mutter? Oder... Möchtest du der Stellvertreter sein, für meine Mutter?

Das gelingt übrigens auch sehr gut, wenn wildfremde Menschen sich in eine Situation hineinfühlen müssen. Ich selbst war einmal in der Position von einer Tante. Diese Tante war nur am Rande an dem Geschehen beteiligt. Aber ich war in dieser Position und ich fühlte mich, als hätte ein Zug meinen linken Arm weggerissen.

Ich stand ganz stocksteif. Ich kannte diese Tante nicht und doch hatte ich in mir ein Gefühl von einem abgerissenen Arm. Das war sehr ausgeprägt.

Dann sagte der junge Mann, dessen Familie hier dargestellt wurde, dass die Tochter dieser Tante, als Kind von einem Mähdrescher erfasst wurde. Ihr wurde der linke Arm abgerissen.

Als er das sagte, hielten wir alle im Raum den Atem an. Mir zog es augenblicklich die Beine unter meinem Körper weg. Diese Tante hatte den Unfall ihrer Tochter nach vielen Jahren noch immer gespeichert, er wirkte immer noch in ihr. Und ich als Fremde, als Stellvertreter in der Position dieser Tante, konnte es fühlen. Das war fast unglaublich.

Es ging aber damals nicht um diese Tante, sondern um den Neffen, sonst hätte man in der Aufstellung die Gefühle der Tante über diesen schrecklichen Unfall heilen oder auch abschließen und zur Ruhe bringen können.

Ich sage immer, es ist so viel leichter, sein Problem im Beisein von anderen Menschen zu lösen. Es ist ganz, ganz wichtig, nicht allein zu bleiben, sondern rauszugehen aus der Isolation und sich mit anderen Menschen zu verbinden.

Ich finde immer, es ist eigentlich viel zu schade diese Arbeit in einem Raum mit zwei Personen zu machen. Es müssen viel mehr Menschen davon erfahren um ganz, ganz viel aus diesen Beispielen für ihr Leben mitzunehmen. Denn am Ende haben alle Menschen die gleichen Probleme. Der eine fühlt sich nicht geliebt, der andere fühlt sich nicht wertvoll. Einer steckt fest in seiner Angst und der andere fühlt sich schuldig oder schämt sich. Egal mit welchem Thema jemand kommt, viele der anderen Teilnehmer verstehen einander in ihrem Schmerz. Das nennt man Mitgefühl oder Empathie. Und so kann es sein, dass du als Stellvertreter deine eigene Geschichte mit ablösen kannst, ganz einfach, weil hier ein Beispiel deines eigenen Schmerzes dargestellt wird und dann im Laufe der Aufstellung auch für dich die Ordnung wiederhergestellt wird.

Ich habe im folgenden Beispiel die Namen und ein paar Inhalte aus dem Leben dieser Frau verändert, damit es nicht zu einer Wiedererkennung kommen kann. Sehr lange Zeit habe ich mir den Kopf darüber zerbrochen, wie ich Beispiele aus meiner Arbeit bringen und doch auch die Anonymität der Menschen wahren kann.

Denn, wie oben schon beschrieben, sind diese Beispiele für so viele Menschen ganz, ganz große Stützen. Und wenn auch du erkennst, wie die Geschichten anderer Menschen dich in deinem eigenen Glück weiterbringen, dann würdest auch du andere Menschen wieder teilhaben lassen und auch selbst von den Erfahrungen anderer Menschen profitieren.

Auch Seminare sind eine unglaubliche Chance, ein neuer Mensch zu werden. Schon allein das Mitgefühl und die Unterstützung, die plötzlich in jedem Teilnehmer auftauchen, wenn da jemand ist, der ehrlich über seine Geschichte erzählt und der in diesem einen Punkt nicht mehr weiter weiß ... Mein Ausbilder hat immer gesagt: „Diese Arbeit bringt dich so schnell weiter, dass es für mehrere Leben reicht." Und das kann ich zu 100 Prozent bestätigen.

Und nun gebe ich dir einen Einblick in meine Arbeit:

Bei mir war eine Frau mit Kinderwunsch

Hier geht es darum diese Vorgänge leicht zu verstehen. Dieses Beispiel ist so wunderbar, weil ein Kind etwas ganz Greifbares ist. Du erkennst, wie stark und auch kraftvoll deine Gedanken und Gefühle sein können, wie sie dich schützen und wie sie dir helfen. Niemals bist du unvollkommen während der ganzen Zeit. Die Frau war also da und ich zeige dir hier ein paar Ausschnitte aus dieser Arbeit.

Ich habe sie gefragt, warum sie gekommen ist. Ich habe ihr ganz viele Fragen gestellt und sie hat dann geantwortet. Die wichtigen Sätze, oder auch Glaubenssätze genannt, die lege ich dann immer aufs Tablett. So bezeichne ich die Sammlung vom Ist-Zustand. Alles, was sie sagt und was wichtig ist, lege ich aufs Tablett. Ich könnte auch sagen, ich hole alles an die Oberfläche oder ich mache es ihr bewusst.

Und ich lege hier eben alles aufs Tablett.

So hat sie dann gesagt, dass sie sich ein Kind wünscht und sie sagte auch, dass sie eigentlich keine Angst hat überhaupt nicht schwanger zu werden, nur sie hat einfach das Gefühl, es dauert noch so lange.

Und dann lege ich hier auf dieses Tablett die Glaubenssätze, die sie ausspricht:

Ich habe keine Angst, dass ich überhaupt nicht schwanger wer-
de, sondern ich glaube einfach nur, dass es noch sehr lange dauern
wird!

Und dieser Satz wirkt, wir merken das meist nicht, aber der Satz wirkt und deshalb habe ich dann zu ihr gesagt:

„Du bist nicht hier, weil du Angst hast überhaupt nicht schwanger zu werden, sondern nur, weil du denkst, dass es noch sehr lange dauern wird." Diesen Satz habe ich dann noch einmal wiederholt, damit es ganz deutlich wird. „Das heißt, du wirst auch so schwanger, egal, ob du hier bist oder nicht. Dann kannst du dich ja schon mal entspannen. Du wirst schwanger! Das ist dein Glaube!" Und sie hat dann gesagt: „Ja", wirklich deutlich wiederholt „Ja, ich werde schwanger."

Das ist wirklich wichtig, und das machen sich die Menschen nicht bewusst.

Ich muss hier noch kurz was erwähnen. Selbst, wenn du mit dem Glauben durchs Leben gehst, „Ich bin die Einzige, die kein Kind bekommt", gibt es wunderbare Methoden, diese Sätze in dir aufzulösen und dem Körper wieder die Möglichkeit zu geben, sich zu öffnen und neu zu beginnen.

Jetzt, an der Stelle entspannte sich meine Klientin schon ein wenig. Ich sagte: „Tatsächlich, mache es dir bewusst, du wirst schwanger, ob du jetzt hier bist oder nicht, du wirst schwanger! Wir arbeiten dann nur noch an der Zeit, okay?"

Und sie sagte: „Ja!"

Hier sind die meisten Menschen schon recht verwundert, denn sie überprüfen ihren Glauben nicht.

Wir sammelten also weiter ...

Sie meinte dann: „Ich habe einfach das Gefühl, dass mein Mann sich erst ändern muss, der trinkt so viel, er raucht so viel, der ernährt sich so ungesund. So kann es doch niemals was werden."

Der nächste Glaubenssatz:

.. aufs Tablett:

Mein Mann muss sich zuerst ändern, so kann ich nicht schwanger werden ...

Ich berichte hier nur von einer Zusammenfassung, also die wichtigsten Punkte. Meist geht so eine Beratung 1 bis 2 Stunden. Ich schaue einfach nicht auf die Uhr, diese Arbeit ist jenseits von Zeit und Raum. Und man glaubt hinterher, dass es nicht lange war und dann sind doch 2 Stunden vergangen.

Ich habe anschließend mit der Frau eine Familienaufstellung gemacht.

Die Frau ist jetzt mal Jutta, und zu Jutta habe ich dann gesagt: „Stell dir vor, dieses Tablett ist dein Leben, und wo in deinem Leben stehst du?"

Und sie hat dann eine Position gefunden.

Sie sagt: „Mein Mann steht neben mir", und stellt die Figur daneben.

Ich nenne den Mann jetzt mal Jochen.

Ich sagte zu ihr: „Es geht darum, das Gefühlsleben zu befragen, und Jutta, du gehst raus aus deinem Denken, aus deinem Kopf, hinein in dein Gefühl und aus diesem Grund stelle dann auch bitte das ,noch nicht gezeugte Kind' mit auf!"

Das ,noch nicht gezeugte Kind' gab es in Juttas Vorstellungen schon. In ihren Gefühlen war es schon da. Deshalb habe ich es hier mit dargestellt.

Danach sagte ich zu Jutta: „Geh mal in deine Position. Stell dir vor, du stehst da jetzt. Du bist Jutta und du stehst neben deinem Mann Jochen. Wie geht es dir Jutta? Wie fühlst du dich?"

Sie sagte: „Ich fühle mich traurig. Ich wünsche mir ein Kind. Ich wünsche mir so sehr ein Kind, und ich habe das Gefühl, dass es noch so lange dauern wird."

Ich habe sie dann gefragt: „Und neben dir steht Jochen! Möchtest du mit Jochen ein Kind? Fühle mal in dich hinein. Ist es Jochen? Willst du mit Jochen ein Kind?"

Das ist hier schon mal ein ganz wichtiger Punkt. Es hätte sein können, dass Jutta sich gegen Jochen sperrt, dass hier noch einmal geschaut werden muss, was da im Wege steht. Aber bei Jutta war es nicht so, denn ihre Aussage war: „Ja! Jochen ist der Richtige, ich will mit Jochen ein Kind."

Anschließend folgte aber der Satz: „Ich habe allerdings das Gefühl, dass es noch lange dauern wird."

Daraufhin habe ich ihr vorgeschlagen, Jochen zu sagen, dass sie das Gefühl hat, er trinke und rauche zu viel und dass er sich nicht gesund ernähre. Sie habe deshalb einfach das Gefühl, dass er sich erst ändern muss.

Jutta folgte dem, sprach dies zu Jochen und hat dann die Position von Jutta wieder verlassen. Ich meinte dann: „Atme noch einmal tief ein und aus, und dann geh in die Position von Jochen. Jutta! Du bist jetzt Jochen! Du stehst da Jochen, deine Frau an deiner Seite. Jochen wie geht es dir? Wie fühlst du dich?"

„Es geht so", sagte er, „Ich fühle mich genervt."

Ich sagte dann zu ihm: „Jochen du hast eben gehört, dass deine Frau sich ein Kind wünscht, und deshalb frage ich dich Jochen, wünscht du dir auch ein Kind?", und wohlgemerkt, Jutta befindet sich hier in der Position von Jochen und fühlt in sich hinein um eine Antwort zu finden, die Jochen gesagt hätte.

„Möchtest du auch mit Jutta ein Kind, Jochen?"

„Ja", sagte er und ich frage ihn: „Ist Jutta die richtige Frau, mit der du ein Kind möchtest?"
Und er sagte wieder: „Ja, das möchte ich!"

Ich: „Du hast aber auch gehört, was Jutta noch gesagt hat. Du sollst dich erst ändern, weniger trinken und rauchen und dich gesund ernähren. Was sagst du dazu?"

Jochen sagte: „Ich finde, sie sollte sich entspannen. Das ist doch alles überhaupt kein Problem, es wird schon noch klappen. Ich habe überhaupt kein Problem. Jutta, entspann dich!"

Ich forderte sie auf: „Jetzt verlass mal die Position von Jochen. Atme noch einmal tief ein und aus und gehe noch einmal in die Position von Jutta!"

„Jutta du hast gehört, was Jochen gesagt hat, du sollst dich entspannen!"

Jutta antwortete daraufhin: „Ich kann mich aber nicht entspannen. Ich habe einfach das Gefühl, wenn du so weiter rauchst und trinkst, dann kann es nicht klappen!"

Ich sagte: „Und dann geh mal wieder raus aus der Position, atme noch einmal tief ein und aus, und gehe dann in die Position des ‚noch nicht gezeugten Kindes'."

Jutta wechselt die Position ...

„Du stehst hier in der Position des ‚noch nicht gezeugten Kindes'. Du stehst gegenüber von den Menschen, die deine Eltern werden wollen. Du hast gehört, Jutta wünscht sich so sehr, dass du ins Leben trittst und für Jochen ist es auch in Ordnung. Wie geht es dir?"

Und dem Kind ging es gut und es war ihm ganz warm ums Herz.

Ich wollte vom Kind wissen: „Möchtest du ins Leben treten?"

Und das Kind antwortete: „Ja, das möchte ich. Das kann ich mir gut vorstellen."

Ich: „Kannst du dir auch vorstellen, dass Jochen und Jutta deine Eltern sind?"

Das Kind erwiderte gerührt: „Ja, das kann ich mir gut vorstellen!"

Ich sprach dann zum Kind: „Jutta glaubt, dass Jochen sich erst ändern muss. Er soll erst aufhören zu rauchen und zu trinken, damit du ins Leben treten kannst. Was sagst du dazu?"

Und wohlgemerkt, in dieser Position war Jutta. Jutta hatte sich eingefühlt in die Position des ‚noch nicht gezeugten Kindes'.

Du, lieber Leser, liebe Leserin bekommst hier in meiner Beschreibung nicht die ganze Kraft mit, die in dieser Aufstellung lag. Hier tauchen echte, tiefgreifende Gefühle auf. Du kennst das bestimmt selbst, z.B. aus einem Traum. Da ist ein Mensch im Traum mit Bleifüßen und wenn du diesem Menschen im Traum sagst, „Geh' doch einfach!", dann gelingt es ihm nicht.

Und so ist es hier auch mit Jutta in der Rolle des Kindes, sie kann nicht einfach sagen, dass das Kind bereit ist, wenn sie es nicht fühlt. Es ist wirklich immer wieder sehr interessant, was eine Aufstellung zum Vorschein bringt, und wenn das Kind hier in der Situation, „Nein" sagt, dann sagt das Kind „Nein!" und dann muss erst noch etwas aus den Weg geräumt oder ausgesprochen werden. Und deshalb habe ich das Kind gefragt.

Und es hat geantwortet: „Ja, das kann ich mir gut vorstellen! Das sind meine Eltern."

Ich sagte zu ihm: „Jutta hat gesagt, dass Jochen sich erst ändern muss, dass es so niemals was werden kann, was sagst du dazu? Ist das wahr?"

Und dann hat das Kind in sich hineingefühlt und gesagt: „Das ist gar nicht wahr, es gibt ganz viele Eltern, die nicht perfekt sind. Es gibt viele Eltern, die wachsen an ihren Kindern. Da ist das Kind ein riesengroßes Geschenk um mehr Glück und gesundes Essen und Nichtmehrrauchen in die Familie zu bringen und ich kann eigentlich mithelfen. Ich habe keine Widerstände ins Leben zu treten, während mein Vater noch raucht."

Ich forderte Jutta auf: „Verlasse nun die Position, atme tief ein und aus und dann gehe noch einmal in die Position von Jutta".

Ich fragte jetzt: „Jutta, du hast gehört, was das Kind gesagt hat. Dieser Glaube, dass der Vater sich erst ändern muss, damit es ins Leben treten kann, ist nicht wahr. Das Kind hat keine Widerstände."

Jutta war daraufhin sehr erleichtert. Ihr fiel ein riesengroßer Stein vom Herzen und sie war sehr glücklich.

Das ist dann immer der Moment, in dem einschränkende Glaubenssätze abgelegt werden können. Und so musste sie nicht mehr allen Fokus auf Jochen richten. Nein, der Glaube galt nicht mehr.

Wir saßen nach der Aufstellung dann wieder im Sessel und ich befragte sie nach neuen Erkenntnissen. Jutta meinte:

*Ich will mit diesem Mann ein Kind! Mein Mann ist
richtig. Er kann so bleiben, wie er ist und ich kann
schwanger werden!*

Es gibt keine Widerstände!

Ich fragte: „Sondern?"

*Ihre Antwort: „Ich bin bereit! Es ist alles gut. Ich
kann schwanger werden!"*

**Übrigens: Das harmlose Wörtchen ‚sondern' hat eine unglaubliche Kraft. Es holt den Menschen immer heraus aus dem Schatten
hinein in das Licht!**

Und so wurde ihr ganzes System still und ruhig. Wir haben einen neuen Termin gemacht und sie fuhr dann nach Hause. Ungefähr vier Wochen später, beim nächsten Termin, habe ich sie gefragt: „Wie geht es dir, Jutta?"

Sie antwortete: „Es geht mir richtig gut. Ich bin guter Dinge und glaube, dass es jetzt klappt. Ich habe diesen ganzen Druck nicht mehr. Mein Mann sagt jetzt andauernd: „Ach' ich bleibe zu Hause bei dir!" Irgendwie habe ich den ganzen Fokus von ihm genommen und früher ist er schon manchmal wegen mir abgehauen, weil ich so fokussiert war auf ihn und alles kontrolliert habe. Jetzt bin ich plötzlich ganz entspannt.

Daraufhin hat der Mann also ihre Nähe gesucht und das war eine richtig angenehme Zeit für die beiden.

Fast wollte ich sie schon verabschieden, weil alles gut war, da fragte ich noch: „Gibt es sonst noch irgendwas, was dir auf dem Herzen liegt?" Und ja, sie hatte noch ein Problem: „Es gibt noch eine Sache, die mich stört! Um mich herum werden alle meine Freunde schwanger. Es sind so viele Kinder in meinem Freundeskreis, in meiner Umgebung, in meiner Familie. Ich vermeide den Kontakt und ich bin irgendwie auch neidisch. Ich habe auch Angst, dass sie erfahren, dass ich auch einen Kinderwunsch habe. Und dabei habe ich so viele tausend Fragen. Ich würde gern so viele Fragen stellen. Ich will so viel wissen und ich traue mich einfach nicht!"

Und dann haben wir das mit aufs Tablett gelegt:

„Ich bin so neidisch und ich vermeide den Kontakt und dabei würde ich so gern tausend Fragen stellen!"

Damit waren die Sätze erkannt und ich fokussierte mich hier auf den letzten Satz. Denn, wenn jemand sagt, „Ich möchte so gern ...", oder „Am liebsten ...", dann sind das immer Hinweise und Richtungen, die zur Lösung führen.

Sie sagte also diesen Satz:

„Ich möchte so gern tausend Fragen stellen!"
und ich wusste, ...

„Was du dir wünscht, ist das, was du brauchst!"

An dem Punkt kommt der Unterleib ins Spiel. Hier befindet sich das zweite Chakra und diesen Bereich nennt man auch die sprudelnde Quelle. Hier ist das Sakral Chakra, das bedeutet ‚Das Heilige'. Und diese Quelle im Unterleib, die kommt zum Fließen, wenn sie Dinge tut, die sie gerne tut. Und ‚zufällig' ist das auch der Ort, an dem ein neues Kind heranwächst. Und das ist ein heiliger Ort. Und ich wusste, dass ihre Quelle sprudelt, wenn sie ihre Sehnsüchte erfüllen würde. Ihr ganzer Körper würde in Freude sein. Und Jutta sagte eben, sie würde so gern tausend Fragen stellen und ihre Augen leuchteten bei dem Gedanken, sie brannte richtig dafür, wenn da nur nicht diese Angst wäre.

Und ganz nach dem Motto ...

„Das, was du dir wünscht, ist das, was du brauchst!"

... gab ich ihr Hausaufgaben mit.

Ich sagte ihr, dass ihr Unterleib ins Fließen kommen würde, wenn sie sich diese Wünsche erlauben würde. Und ich sagte ihr: „Gehe hin und besuche diese Frauen, nimm diese Babys in deine Arme und fühle so richtig, wie es sich anfühlt ein Baby zu haben. Und das musst du so echt machen, als wäre es dein eigenes Kind. So stark in der Vorstellung, genau zu spüren, wie du dich fühlst, wenn du ein Kind so sehr lieben würdest. Das bringt deinen Unterleib zum Fließen und dein Körper versteht dich. Er lernt dabei, was du von ihm willst. Dein Körper wusste es bis jetzt nicht und du hast alles vermieden, diese freudigen Gefühle zu fühlen und du hast bisher alles mit deinen Gedanken weggeschoben. Weder deine Gefühle, noch dein Körper haben davon gewusst."

Ich habe ihr gesagt: „Schmücke dich mit diesen fremden Federn. Bisher hast du mit deinen Gedanken alles geheim gehalten und diese liebevollen Gefühle nicht erlaubt und heute gehe hin und erlaube deinen Gefühlen endlich überzufließen. Werde ganz weit in deinem Körper, in deinem Unterleib und erlebe die Freude, nach der du dich so sehnst. Stelle tausend Fragen, stelle alle Fragen, die du hast, damit nichts mehr unbeantwortet bleibt für dich! Und das mache in den nächsten Wochen!"

Und dann hat sie gesagt: „Ja, dazu habe ich richtig Lust. Ich freue mich so darauf!"

Und deshalb war es für Jutta ganz besonders wichtig, das jetzt zu tun. Das ist nicht bei jedem so. Es war bei Jutta so. Es war direkt unter der Oberfläche und sie hatte es sich nur nicht erlaubt, aus Angst. Aber sie wollte es doch so gerne und deshalb tauchte das hier auf.

Als alles gesagt war, habe ich sie verabschiedet und gab ihr auf Wunsch einen neuen Termin.

Nach ein paar Wochen, ich glaube zwei Tage später hatte sie ihren Termin, rief sie mich an und sagte, sie wollte den Termin absagen, denn sie war schwanger. Sie sagte, sie wäre in den letzten Wochen hinter jeden Kinderwagen hergelaufen. Sie hätte ihren ganzen Bekanntenkreis abgegrast. Sie wäre überall gewesen und hat ganz viele Babys auf dem Arm gehabt und das hätte ihr so gutgetan. Es hatte sich so wundervoll angefühlt und sie konnte gar nicht satt werden davon. Sie hat wirklich ihre tausend Fragen gestellt. Und dann hat es geklappt.

Weiter sagte Jutta: „Es brauchte wahrscheinlich nicht mehr viel, um schwanger zu werden. Es war wahrscheinlich schon direkt kurz davor."

Und das ist ein Phänomen welches ich immer wieder höre. Hinterher sagen meine Klienten immer, immer und immer: „Es war so leicht! Und irgendwie fühlt es sich dann so an, als hätte es auch von alleine geklappt und als wäre es aus sich heraus gekommen."

Und das ist die Wahrheit, es ist aus Jutta herausgekommen. Jutta hat das bewirkt und sie hat es eingeleitet. Ich war in dieser ganzen Situation immer nur der, der Fragen gestellt hat. Und Jutta hat sich selbst die Antworten gegeben. Sie wusste, dass sie diese tausend Fragen stellen musste. Wir haben dann alles nur aufs Tablett gelegt. Und was an dieser Stelle noch einmal ganz, ganz deutlich wird, ist, dass Juttas Körper zu keiner Zeit fehlerhaft war. Nein, sie hat gesagt, er muss sich zuerst ändern. So wird das hier nichts! Ich mache meinen Körper zu! Mein lieber Mann, wenn du dich änderst, dann kann ich schwanger werden! So geht es nicht.

Sie musste ihren Körper zumachen, weil ihr Glaube ihr nicht erlaubt hatte mit dem Mann so ein Kind zu bekommen. Es wäre unverantwortlich, weil er einfach nicht das richtige tat. Das, was sie dann festgestellt hat: „Mein Mann ist richtig und er kann so bleiben", machte ihren Körper wieder weit.

Körper, Geist und Seele arbeiten wunderbar zusammen. Und wenn du den ganzen Tag sagst: „So kann ich nicht schwanger werden", oder „So werde ich niemals schwanger". Es fließen die ganze Zeit diese Sätze, „Das kann ich nicht verantworten", „Warum trägst du nicht mehr Verantwortung?" Und solche Sätze tauchen die ganze Zeit auf, und dann antwortet der Körper, „Dann mache ich jetzt erst mal zu und wenn er sich verändert hat, dann öffne ich mich wieder!" Und das war Juttas Wahrheit! Und in der Beratung hat sie dann ihren Glauben fallen gelassen und so konnte ihr Körper sich wieder öffnen und übersprudeln.

Ich sage ja immer, die Tabletten in meiner Praxis sind Informationen. Ich arbeite nicht mit Tabletten, sondern einfach mit Informationen und Erkenntnissen. Und diese Erkenntnisse bewirken dann eine andere Chemie im Körper und so öffnet er sich. Jutta sagte: „Jetzt kann es eigentlich losgehen", und das sagt sie immer wieder wie eine neue Schleife und das sind die Botschaften, die ihrem Körper signalisieren, „Ja okay, worauf warten wir? Es kann jetzt losgehen!" ...

Es ist ja ein sehr komplexes Thema. Ich habe das hier nur ganz oberflächlich dargestellt und ich hoffe, du hast es einigermaßen verstanden. Vielleicht hast du auch erkannt, dass niemals eine Beratung genauso ist, wie die andere. Jede Beratung läuft komplett anders ab. Allerdings ist es immer so, dass ich genau höre, was du sagst. Ich höre deine Wünsche, deine Hürden und deine Widersprüche, und ich mache es dir bewusst. Und dann ist es ganz, ganz leicht, weil du schon vorher weißt, was du brauchst. Du erzählst es mir und ich helfe dir dabei, das auch zu bekommen, oder wenn es dich einschränkt, es aus den Weg zu räumen und den Glauben einfach fallen zu lassen.

Du musst zuerst glücklich sein!

Ich sage immer, du musst zuerst glücklich sein, dann öffnet sich der Körper. Ich habe über Jutta gesprochen, die irgendwie neidisch war, auf die anderen Frauen, die einfach so schwanger wurden.

Neid ist nichts Anderes als zu sagen, „Ich wünsche mir das auch so sehr!".

Das Problem ist nur, dass du im Neid im Mangel stecken bleibst. Das heißt, wenn du in diesen Gefühlen feststeckst, dann signalisierst du deinem Körper, „Oh nein, schon wieder das Thema Kinder. Ich will das nicht hören. Bloß weg hier!"

Das Thema Kinder ist dein allergrößter Schmerz. Du sendest und sendest diese einschränkenden Gefühle direkt in deinen Körper hinein und der Körper schließt sich augenblicklich und merkt sich dann: „Bloß keine Kinder".

– Dein allergrößter Schmerz : KINDER –

(Die Kinder anderer Frauen, die dich daran erinnern, dass du im Mangel bist)

Und deshalb ist es wichtig, zuerst glücklich zu sein, deine Konflikte zu lösen. Dann ist im Körper alles klar. Dann kann der Körper empfangen.

Du hörst dich wahrscheinlich so oft sagen,

Wenn ich ein Kind hätte, dann wäre ich glücklich.

Und dabei wir umgekehrt ein Schuh (KIND) daraus.

Was war zuerst da, das Ei oder das Huhn?

Lass es mich dir erklären. Stell dir vor, dein Gehirn macht andauernd Fotos von deinen Gedanken, ganz einfach und ohne Bewertung. Dein Gehirn bekommt nur deine Botschaften, egal was du denkst. Du kennst doch Aladin aus der Wunderlampe. Und stelle dir jetzt einmal vor, in deinem Gehirn gibt es diese Wunderlampe, ganz im Ernst. Ich meine das wirklich so.

Du denkst jetzt einen Gedanken:

* *„Ich will die alle nicht sehen, mit ihren Kindern!" KLICK Dein Wunsch ist mir Befehl!*

   Die Botschaft an deinen Körper lautet: ..., bloß nicht immer Kinder, nicht schon wieder.

* *„Warum müssen die immer nur über Kinder reden?" KLICK Dein Wunsch ist mir Befehl!*

   Die Botschaft an deinen Körper lautet: Ich will das nicht andauernd hören, es geht immer nur um Kinder. Das will ich nicht!

Die Menschen denken immer, dass die Gefühle, die andere in ihnen auslösen, nichts mit ihnen selbst zu tun haben. Aber es ist so, dass Gefühle dich niemals verlassen. Die Gefühle bleiben bei dir und irren in deinem eigenen Körper umher und sorgen dort für Unruhe. Gefühle verlassen dich nicht. Sie berühren den anderen und dein Gegenüber weiß um deine Gefühle. Sie verlassen dich aber nicht. Das, was du über andere denkst, das bist du selbst auf deiner gefühlten Ebene. Es kann niemals der andere sein. Das hast du immer gedacht und deshalb kannst du dich nicht befreien aus diesem Teufelskreis. Doch, wenn du dir ansiehst, was dieses Denken in deinem eigenen Körper verursacht, dann hörst du noch heute damit auf. Und das wiederum ist ganz leicht. Wirklich. Du brauchst keine Wundermittel. Die Lösung ist in dir. Du bist der, der sich engmacht und du kannst dich auch wieder öffnen.

Die Jutta aus dem Beispiel zeigt diese Erlösung aus dem Teufelskreis sehr deutlich. Sie hatte immer ein geheimes Unwohlsein, wenn das Thema Kind kam. Der Körper bemerkte dann, „Oh, das Thema Kind, damit geht es der Jutta nicht so gut!" Erst, als sie sich davon befreite, wusste ,Aladin', der hier ja eigentlich den Körper vertritt, „Ah, jetzt verstehe ich. So willst du dich fühlen. Das bewirkt ein Kind in deiner Nähe," denn sie war glücklich mit diesen Babys im Arm. Sie blühte auf und der Körper verstand sofort und öffnete sich.

Meine Botschaft an dich: Fühle dich gut, wenn das Thema Kind kommt und laufe nicht weg. Gehe durch deine Angst hindurch. Dann bist du frei. Die Angst ist ein riesengroßer Betrüger. Wenn du es einmal verstanden hast, kannst du jeder Angst begegnen und über sie lachen, denn deine Angst erzählt dir nicht die Wahrheit. Im Gegenteil, deine Angst, lässt diesen Mangel erst in dir entstehen. Mit Angst erhältst du Mangel, Verschließen und Verzweiflung und ohne Angst ist da Vertrauen, weit werden, hoffnungsfroh sein, Empfangen und Offenheit.

Wenn du etwas aus diesem Buch mitnehmen kannst, dann ist es das, was ich dir ans Herz legen möchte. Fühle dich wohl bei dem Thema Kind. Und wenn du das nicht kannst, dann löse noch heute deinen Konflikt. Dein Körper versteht dich, du musst nur eindeutige Signale aussenden.

Zwei Fehlgeburten und wie die Liebe einkehrte

Ich erzähle dir noch ein Beispiel. Bei mir war eine Heimleiterin. Sie hatte eine lange Leidensgeschichte hinter sich. Sie erzählte mir, bei wem sie schon alles versucht hatte, ihren Konflikt zu lösen. Auch vor den Fehlgeburten, war sie unterwegs von Klinik zu Klinik, denn sie galt als ‚Risikoschwanger'.

Oh mein Gott, als wenn es so etwas geben würde.
Denn erst mit dem Gedanken ‚Risikoschwanger' ist das Risiko da.

Diese Frau hatte im letzten Jahr ihr zweites Kind bei einer Fehlgeburt verloren. Seit diesem Verlust stand sie nur noch neben sich. Sie wusste nicht mehr weiter. Die erste Fehlgeburt konnte sie noch verarbeiten, doch bei diesem zweiten Kind war doch eigentlich alles gut, und sie verstand es einfach nicht. Sie war sehr böse auf dieses Kind und konnte diese Erfahrung nicht abschließen. Sie war völlig am Boden.

Dreieinhalb Stunden später und eine Mülltonne voller Taschentücher, verließ sie überglücklich meine Praxis und ich muss gestehen, dass es anfangs recht mühsam war und zäh, denn hier war ein Vorwurf zwischen Mutter und Kind, der nach langem Hin und Her einfach nicht zur Ruhe kommen wollte.

Bevor es in die Familienaufstellung ging, erzählte sie ausgiebig von ihrer Situation und was alles geschehen war. Die erste Fehlgeburt, die zweite ... Und sie erzählte auch von ihrer Arbeit, wie sie die Kinder liebte, auch die sogenannten anstrengenden Kinder. Sie erzählte auch, wie sehr sie darunter litt, wenn Eltern ihre schwierigen Kinder so wegstießen. Sie erzählte mir, dass sie immer zu ihrem Mann sagen würde: „Es ist doch ungerecht. Die wollen ihr Kind nicht und wir würden es sofort in unser Herz schließen!" Am liebsten würde sie die Kinder einpacken und mit nach Hause nehmen. Denn eigentlich seien die Kinder in Wahrheit nicht anstrengend, man müsste sie nur verstehen lernen. Sie würde diese Kinder so sehr lieben.

Dann ging es in ihre eigene Aufstellung. Diesmal gab ich ihr Klebe-Zettel aus Papier. Ich schrieb die Namen der beteiligten Personen auf die Zettel und sie sollte die Zettel auf den Boden kleben, immer so, wie die Beziehung zueinander war. So stellte sie ihren Mann auf, sich selbst, dann die erste Fehlgeburt und die zweite.

Mit dem Ehemann und der ersten Fehlgeburt gab es keine Irritationen. Meine Klientin fühlte sich hier ein. Das erste Kind hatte sie in einer Zeremonie mit ihrem Mann gehen lassen. Und die Beziehung war ganz ruhig und geklärt. Auch beim Mann war es ganz ruhig. Alles spielte sich hier zwischen der zweiten Fehlgeburt und meiner Klientin ab.

Ich ließ die Frau sich in jede Rolle hineinfühlen und so sagte sie zu diesem Kind, was sie für Vorwürfe hatte. Sie sagte, dass sie so böse wäre, weil eigentlich doch alles gut war und das Kind hätte nicht einfach gehen dürfen. Und sie warf dem Kind auch vor, dass das Kind sie jetzt nicht frei lassen würde. Sie weinte sehr viel und ich bekam eine Gänsehaut nach der anderen. Das passierte bei mir immer, wenn ich in tiefem Mitgefühl zu meinen Klienten stand. Außerdem bekam ich diese Gänsehaut, immer dann, wenn etwas

Wichtiges gelöst wurde, wenn sich eine Erkenntnis in das Geschehen ausbreitete.

Dann ging sie in die Position des Kindes und auch auf dieser Seite war ein starker Vorwurf da. Das Kind fühlte sich nicht geachtet und es warf der Mutter vor, dass sie es nicht gehen lassen würde.

So ging es sehr lange hin und her und ich brauchte irgendwie eine andere Strategie. Ich lasse mich da in meiner Arbeit ganz einfach führen und habe immer das Ziel, dass es am Ende gut ist. Also bat ich um eine innere Führung. Es hört sich jetzt vielleicht komisch für dich an, aber tatsächlich ist es etwas ganz Normales. Wenn man sich eine Lösung wünscht, dann taucht sie auch auf.

Dann auf einmal, ich hatte diesen Satz schon die ganze Zeit im Hinterkopf, sagte ich zu der Mutter, dass sie mir vorhin von ihren anstrengenden Kindern in der Schule erzählte, dass diese Kinder ihren eigenen Kopf hätten und dass die Eltern ihre Kinder doch nicht nach der ersten Schwierigkeit abstoßen könnten, dass diese Kinder doch dennoch so sehr liebenswert wären.

Und nun hier in der Aufstellung, bei ihrem eigenen Kind, macht das Kind nicht das, was sie sich als Mutter vorgestellt hat. Das Kind hat seinen eigenen Kopf und geht einfach aus dem Leben, obwohl sie als Mutter das alles doch ganz anders geplant hatte. Ich sagte ihr, dass es den Eltern der Kinder in ihrem Heim auch oft so gehen würde. Sie hätten sich das Leben mit ihren Kindern auch anders vorgestellt.

Und plötzlich sackte dieser Satz in sie hinein. Sie ging einen Schritt zurück und es war unglaublich tiefgreifend, denn sie verstand jetzt und die Liebe zu ihrem eigenen ‚anstrengenden‘ Kind wurde wiederhergestellt. Sie sagte: „Ich habe ein anstrengendes Kind, wie die Kinder in meinem Heim." Sie sagte das mit so viel Liebe und so großem Verstehen, dass mir ganz warm wurde um mein Herz.

Es ging dann ganz schnell weiter. Sie sprach noch einmal mit ihrem Kind und ließ allen Vorwurf ruhen. Die Liebe war wiederhergestellt. Nun floss die Liebe von der Mutter zum Kind und auch vom Kind zu der Mutter. Nachdem alles gesagt war, ließ sie das Kind dann gehen.

Sie ging raus aus der Position, setzte sich in den Sessel und lachte gelöst. Sie war voller Liebe. Ihre Augen leuchteten. Sie blickte immer wieder zu diesem Zettel am Boden, der Zettel, auf dem geschrieben stand: 2. Fehlgeburt.

Sie konnte es kaum glauben, nicht nur dass sie jetzt ihr Kind verstand. Nein, es war auch ein neues Verständnis für die Eltern da, die ihre Kinder ins Heim gegeben hatten.

Wir unterhielten uns noch länger als 30 Minuten und sie ging dann überglücklich nach Hause. Sie schrieb mir am Abend noch eine ganz liebe WhatsApp und ich freute mich sehr für sie.

Ich liebe meine Arbeit.

Diese Klientin kam noch zweimal. Und es war nicht der Kinderwunsch, weshalb sie da war. Sie sagte, sie müsse erst noch anderes ablösen. Sie wäre noch nicht soweit.

Sie kam dann zum dritten Termin. Diesen hatte sie vereinbart, weil sie wieder etwas Anderes ablösen wollte. Doch dann sagte sie, dass sie schwanger wäre.

Sie war in großer Panik und sie überlebte, so wie sie sagte, von Stunde zu Stunde.

Immer wieder hatte sie panische Angst, dass das Kind nicht mehr atmen würde.

Ich ließ sie in dieser Sitzung durch ihre Angst gehen, und ihr Verstand hielt lange fest. Doch dann ließ sie die Angst wirklich los und war davon frei. Der Verstand ist sehr ‚tricky‘ und glaubt, dass er sterben muss, wenn er die Angst berührt. Doch ich wusste, dass die Angst ein riesengroßer Lügner ist und ich führte sie durch den Prozess und am Ende der Angst wartete nicht der Tod, sondern absolute Liebe und Freiheit. Sie wurde frei von diesem Gedanken, frei von dieser Panik und sie war am Ende ganz ruhig und gelöst.

Willst du lieber Leser wissen, warum ich dir diese Geschichte erzähle? Ich erzähle sie deshalb, weil es immer so ist, dass andere Menschen deine Widersprüche wahrnehmen. Andere Menschen bemerken, was mit dir los ist. Du kennst doch den Spruch: „Du siehst den Wald vor lauter Bäumen nicht.“

So wie ich in ihrer Aufstellung bemerkte, dass sie einerseits die Kinder im Heim liebte, und sich bei ihrem eigenen Kind die gleiche

Szene abspielte. Das war ihr nicht bewusst. Und doch ist hier die Lösung. Und deshalb bleibe auch du nicht allein. Du kannst deine Konflikte viel leichter lösen, wenn andere Menschen bei dir sind.

Erkennen, dass auch das Gegenteil stimmt

Und nun erzähle ich dir von einer Mutter. Sie war bei mir in der Praxis und dieses Beispiel zeigt so schön, dass wir in unserer Wahrnehmung sehr fixiert sind. Ich erzähle dieses Beispiel immer und immer wieder und du erkennst daran, dass die Außenwelt für dich ein wunderbarer Spiegel ist.

Mich rief eine Psychologin aus unserem Ort an. Sie bat mich, mal mit einer ihrer Patientinnen zu sprechen. Diese Frau war seit 9 Wochen in der Suchtklinik. Sie selbst nannte es so: „Ich wurde einkassiert!". Die Psychologin bat mich, ihr von meiner Arbeit zu erzählen, weil sie glaubte, diese Patientin könnte eventuell auch so eine Arbeit machen, wie ich. Und was soll ich sagen, wenn jemand kommt und einen Einblick haben möchte, dann mache ich natürlich meine Arbeit. Und ich fragte, warum sie in der Klinik war und sie sagte, dass sie und ihr Bruder, unter Alkoholeinfluss eine kleine Randale veranstaltet hätten, bei denen einiges zerstört wurde. Und so kamen sie in die Suchtklinik.

Dann erzählte sie von ihrer Familie. Sie hatte sich von ihrem Mann getrennt und der kleine Sohn, der machte Schwierigkeiten. Er wollte nicht bei ihr bleiben. Er wollte immer nur ein paar Tage in der Woche bei ihr sein. Die Tochter wohnte ganz bei ihr. Sie hatte einen anderen Vater und der hatte keinen Kontakt zu der Tochter. Doch der Sohn war einfach nicht dazu zu bewegen, ganz bei ihr zu bleiben. Das war ihr Problem und das konnte sie irgendwie nicht lösen.

Ich fragte sie, warum sie sich getrennt hatte und was sie ihrem Mann vorwarf? Und sie sagte, dass sie nie tun durfte, was sie wollte und dass sie auch immer alles alleine machen musste. Sie war wirklich sehr böse auf ihren Mann.

Dann fragte ich sie, was sie sich denn wünschen würde, jetzt in dieser Situation? Und sie sagte, dass der Sohn zu ihr kommen und der Mann sie in Ruhe lassen sollte und dass sie das alles alleine könnte.

Daraufhin machte ich sie aufmerksam auf ihre Widersprüche. Sie sagte einerseits, sie dürfte nicht hingehen wohin sie wolle, und andererseits war sie gegangen. Sie hatte ihren Mann verlassen. Und wir fanden dann gemeinsam einige Beispiele, in denen sie selbst erkannte, dass sie glaubte, dass sie nicht gehen durfte, wohin sie wollte. Ihr Mann hatte es in Wahrheit nie verboten und es entsprach ganz einfach ihrem Glauben. Er hatte sie weder gefesselt, noch eingesperrt. Es war ein Gefängnis aus Gedanken und wir entlarvten diese Gedanken in ihrem Kopf und nicht in dem Kopf des Mannes. Sie selbst glaubte es, solange, bis sie einfach gegangen war. Sie hatte ihn verlassen, einfach so, Tür auf und weg.

Und dennoch ging sie weiter durch ihr Leben mit dem Glauben, dass sie nicht gehen durfte, wohin sie wollte. Komisch oder? Aber es kommt noch besser.

Die Frau hatte ja auch gesagt, dass sie in der Ehe immer alles alleine machen musste. Das war ihr Vorwurf. Deshalb hatte sie ihren Mann verlassen. Und jetzt saß sie bei mir und sagte, der Sohn soll zurückkommen. Sie könnte alles alleine. Sie und ihr Sohn bräuchten ihn nicht.

Ist das nicht unglaublich interessant? Dieses Beispiel ist kein Einzelfall. Jeden Tag erlebe ich Menschen mit Glaubenssätzen, die in ein, zwei Fragen ganz einfach alle Vorwürfe und Behauptungen als Irrglaube entlarven können.

Wirklich, das gelingt auch bei dir.

Die Menschen achten einfach nicht darauf, was sie so daher sagen. Und dabei liegen in den Worten unglaubliche Geschenke verborgen. Nicht verborgen, ganz an der Oberfläche, jedenfalls war es für mich wunderbar leicht zu sehen, wie diese Menschen, dann einfach ihren Glauben abstreiften.

Nun ging die Unterhaltung natürlich mit der Frau weiter. Wir überprüften dann die Aussagen des kleinen Sohnes. Und der sagte zu ihr: „Mama, ich habe dich ja lieb, aber ich will auch bei Papa sein. Du musst das nicht alleine machen." Der Sohn hatte es ihr gesagt, immer und immer wieder. Doch sie wollte das nicht hören und fand ihren Sohn anstrengend.

Wir überprüften dann noch andere Lebensumstände und ich fragte sie, ob sie dieses Thema auch aus ihrer Vergangenheit kannte. Und sie fand dann einige Beispiele. Dieses Thema wiederholte sich nahezu ständig.

Plötzlich war die Situation eine ganz neue. Da war ihr Sohn, der sie eigentlich entlasten wollte, der erkannte, dass sie nicht alles allein machen wollte. Dann könnte sie in dieser kinderfreien Zeit einfach machen, was sie wollte. Und dann kam noch eine ganz große andere Sache ins Spiel. Nämlich jetzt war es plötzlich so, dass der Vorwurf, ihrem Mann gegenüber, ganz wackelig wurde.

Ich weiß nicht wie die Geschichte weitergegangen ist. Ich habe nie wieder etwas von der Frau gehört. Aber zum Schluss unseres Gespräches sagte sie noch, dass sie seit 9 Wochen in der Klinik war und das Thema mit ihrem Sohn, war Inhalt in jedem Gespräch, jeden Tag. Und dann sitzt sie bei mir eine Dreiviertelstunde und das Problem ist gelöst.

Hier möchte ich noch anmerken, dass ich mich nicht von Dogmen führen lasse. Ich glaube nicht daran, dass alle Menschen gleich leben müssen, zum Beispiel...

„Ein Kind gehört immer zur Mutter!"

...oder

„Du darfst jetzt nichts mehr alleine machen, du bist verheiratet!"

„Wenn ihr auseinandergeht, dann bist du gescheitert"

„Du bist eine schlechte Mutter, wenn du arbeiten gehst"

(dieses Dogma, dreht sich gerade ins Gegenteil)

„Du bist nicht wertvoll und gleichberechtigt, wenn du nicht arbeiten gehst"

...

oder viele andere Dogmen, die ich hier nicht alle aufzählen möchte. Menschen sind nicht alle gleich, jeder ist anders. Für mich, als Beraterin ist es wichtig, was will der Mensch, was ist sein größter Schmerz und was ist sein tiefster Wunsch? Und dann helfe ich ihm, die Steine aus dem Weg zu räumen.

Die meisten Menschen denken jedoch nur in die eine Richtung. In diesem Beispiel wäre es für die Frau vorher keine gute Lösung gewesen, wenn ich ihr gesagt hätte, lass doch dein Kind für 5 Tage die Woche beim Vater. Sie wäre aufgesprungen und hätte gesagt: „Spinnst du? Was ist das für eine Hilfe, die du mir anbietest?"

Das wäre für sie keine Lösung gewesen.

Doch nun war sie anderen Geistes. Sie konnte ihr Muster erkennen und hatte nun die Möglichkeit, ihren Sohn einfach in den Arm zu nehmen, ihn lieb zu haben und ihm innerlich zu danken, dass er so viel auszugleichen versuchte. Und wer weiß, wie die Entscheidung des Sohnes ein paar Tage später aussehen würde. Jetzt war die Mutter schließlich viel entspannter und sie zog nicht mehr an ihm. Außerdem konnte sie neu überdenken, was sie wollte. Wollte sie lieber alles alleine machen oder doch auch Hilfe anzunehmen?

Aussicht auf die Heilung einer alten Verletzung

Und du lieber Leser oder liebe Leserin, sei dir gewiss, es gibt diese Programme, die unbewusst laufen. Und der wunderbare Körper gleicht diese Gefühle einfach nur aus, in ganz perfekter Weise. Wie dieser kleine Junge bei seiner Mutter. Und wenn du das erkennst, dann wirst du ihm danken, deinem Körper und dann kann eine Veränderung eintreten.

Ich für meinen Teil hoffe, dass ich dir ein bisschen Hoffnung schenken konnte, an dich zu glauben, einfach deine Konflikte zu bereinigen, und weit zu werden in deinen Gefühlen und Gedanken.

‚Bleibe nicht allein mit deinem Problem' ist meine große Botschaft an dich. Denn Menschen helfen Menschen. So, wie der kleine Junge seiner Mutter es immer wieder gesagt hat, so ist es auch bei dir. Die Menschen in deiner Umgebung leisten dir einen guten Dienst.

Ich glaube, dass jede Lösung eines Problems auch viele andere Menschen betrifft. Seit vielen Jahren sage ich, dass diese Arbeit zu Schade ist für zwei Menschen in einem Raum. Und deshalb schreibe ich dieses Buch. Denn jedes beschriebene Beispiel wirkt wie eine Metapher, wie eine kleine Aussicht auf Heilung einer alten Verletzung.

Im ganz tief Verborgenen haben alle Menschen die gleichen Geschichten und Probleme. Und da ist es sogar egal, ob jemand Kinderwunsch hat oder ein anderes nicht gelöstes Problem. Und so kann es sein, dass du durch dieses Buch bereits zu deiner Lösung gefunden hast. Das wünsche ich dir.

Von ganzem Herzen danke ich meinen Klienten für ihr Vertrauen in meine Arbeit und für ihre Beispiele. Diese Beispiele sollen für die anderen Frauen und auch Männer sein, die wieder Hoffnung und Zuversicht in ihrem Leben finden wollen.

Ich danke dir von ganzem Herzen für deine Aufmerksamkeit und wünsche dir für dein Leben Erfüllung, Freude und unermessliches Glück.

Wenn du meine Unterstützung möchtest, dann findest du die Informationen auf www.claudialake.de. Ich bin gerne für dich da!

In Liebe zu den Menschen, in Liebe zu dir, Claudia Lake

Danke ...

Ich danke meinen Eltern. Ihr habt mir das Leben geschenkt. Heute liebe ich mein Leben und kann es ganz annehmen. Das Leben ist spannend, zauberhaft und jeder Augenblick wird neu geboren.

Ich danke meinem Mann Matthias. Du hast mich immer das machen lassen, was ich wollte. Ich danke dir für deine Liebe und deine Achtung. Dadurch kann ich tun, was ich will.

Ich danke meiner großen Tochter Lilli. Du hast mir den Weg gezeigt. Durch dich bin ich zu dieser Arbeit gekommen. Du bist mir ein großartiger Lehrer. Alles, was ich heute weiß, weiß ich durch dich.

Ich danke meiner kleinen Tochter Pauline. Du bist wie ein Engel in mein Leben gekommen. So lieb und rein. Du bist mir ein großartiger Berater. Was für mich schwer ist, ist für dich leicht. Ich schaue mir so viel bei dir ab.

Ich danke meinem Freund Hermann. Du liest mir jeden Wunsch von meinen Lippen ab. Du bist für mich da und du gleichst meine Schwächen aus. Wir sind miteinander verbunden.

Wenn du dein Hier und Jetzt unerträglich findest und es dich unglücklich macht, dann gibt es drei Möglichkeiten: Verlasse die Situation, verändere sie oder akzeptiere sie ganz. Wenn du Verantwortung für dein Leben übernehmen willst, dann musst du eine dieser drei Möglichkeiten wählen, und du musst die Wahl jetzt treffen.

Eckhart Tolle

Zeitfracht Medien GmbH
Ferdinand-Jühlke-Straße 7
99095 Erfurt, Deutschland
produktsicherheit@kolibri360.de